Bibliografische Information der Deutschen Nationalbibliothek:
Die Deutsche Nationalbibliothek verzeichnet diese Publikation in
der Deutschen Nationalbiografie; detaillierte bibliografische Daten
sind im Internet über dnb.dnb.de abrufbar.

© Copyright 2022 Volker Meyer

Herstellung und Verlag: BoD – Books on Demand, Norderstedt

ISBN: 978-3-7562-7391-1

Ein neuheidnischer Steinkreis entsteht

-Von Gelegenheiten, Lösungen und Glück bis zum Ergebnis-

Inhaltsangabe

Heidnischer und neuheidnischer Steinkreis, eine Definition

Vorab, dies ist nur eine von vielen möglichen und bereits vorhandenen Definitionen zu einem heidnischen Steinkreis. In diesem Fall ist es meine persönliche Definition, bezogen auf das Thema dieses Buches und das darin beschriebene Projekt der Errichtung eines heidnischen Steinkreises.

Da es hier um die Errichtung eines Steinkreises zur Nutzung für rituelle, neuheidnische Zusammenkünfte geht, ist es genau genommen ein neuheidnischer Steinkreis, denn es gibt keine durchgehende heidnische Tradition in Mitteleuropa und alle heutigen heidnischen Praktiken, selbst diejenigen die sich auf ehemalige, alte heidnische Glaubensvorstellungen aus der Zeit vor deren Verbote durch die christlichen Herrscher und der Kirche des frühen Mittelalters beziehen, sind somit eigentlich neuheidnisch.

Demzufolge muss eine in heutiger Zeit neu errichtete heidnische Ritualstätte eine neuheidnische Ritualstätte sein und ein neu errichteter heidnischer Steinkreis kann demzufolge auch nur ein neuheidnischer Steinkreis sein.

<u>Zur eigentlichen Definition:</u>

Ein heidnischer Steinkreis im Sinne des Themas dieses Buches und der Neuerrichtung eines solchen Steinkreises ist eine aus Gestein errichtete, einen Ritualraum im Freien kenntlich machende, eingegrenzte Örtlichkeit, die rituellen heidnischen Zeremonien dient oder ehemals gedient haben könnte.

Ein neuheidnischer Steinkreis ist eben dies, nur ohne geschichtlichen oder gar archäologischen und historischen Bezug, da er ja völlig neu errichtet wird oder wurde. Der neuheidnische Steinkreis soll einer neuheidnischen Gruppe, Familie oder auch einem neuheidnischen Verein, wie zum Beispiel dem Eldaring e.V. oder einer seiner regionalen Gruppen wie dem Eldaring e.V.-Herd Berlin-Nord/Ost und Brandenburger Umland als Treffpunkt für die Ausübung heidnischer Praktiken dienen. (In diesem Fall würde es sich um das Ausleben heidnischer Praktiken bezogen auf den ehemaligen heidnischen Kulturkreis Mittel-und Nordeuropäischer Völker der sogenannten germanischsprachigen Kulturkreise handeln, auch als Asatru, germanisches Neuheidentum, alte Sitte usw. bezeichnet.)

Wer nutzt einen neuheidnischen Steinkreis überhaupt und wofür?

Es wurde vorab ja schon angedeutet, einen neuheidnischen Steinkreis in Mitteleuropa nutzen, genau wie alle anderen heidnischen Ritualstätten in diesem Raum, vor allem Personen, die sich für Glaubensvorstellungen der ehemaligen hier ansässigen noch heidnischen Kulturkreise Mitteleuropas interessieren. Dasselbe trifft übrigens auch auf Menschen zu, die völlig neue heidnische Praktiken ausführen, die sind aber nicht Gegenstand dieser Ausführungen und der hier beschriebene neuheidnische Steinkreis soll Personen als Ritualort dienen, die sich auf die vormals in Mitteleuropa beheimateten alten heidnischen Kulturkreise beziehen.

Diese neuheidnischen Personen können einzelne Personen, Angehörige kleiner Gruppen ohne nähere Organisationsform, neuheidnische Familien oder auch Mitglieder neuheidnischer Vereine, wie zum Beispiel dem Eldaring e.V. oder deren regionaler Gruppen wie zum Beispiel dem <u>Eldaring e.V.-Herd Berlin Nord/Ost und Brandenburger Umland</u> sein.

Im neuheidnischen Eldaring e.V. wird Bezug genommen auf die ehemals in Mittel-und Nordeuropa praktizierten heidnischen Vorstellungen der Völker der germanischsprachigen Kulturkreise. Diese neuheidnische Richtung wird auch Asatru, germanisches Neuheidentum, alte Sitte usw. genannt.

Im Fall des hier errichteten neuheidnischen Steinkreises handelt es sich um eine Ritualstelle die von Mitgliedern, Familien und Freunden aus dem Umkreis des Eldaring e.V. genutzt werden. Diese können sich dort treffen und ihre 8 Jahreskreisfeste ungestört auf umfriedeten, eigenem Grundstück feiern. Dabei werden in der Regel die Götter und Göttinnen des germanischen Pantheons sowie die Wesen der sogenannten niederen Mythologie und die Ahnen angerufen. Es werden Speisen und Getränke geopfert und selbst gemeinsam verzehrt und dabei wird um Schutz oder individuelle Wunscherfüllung gebeten.

Da im Eldaring e.V. und dessen Umkreis und befreundeten Heidengruppen ein weltoffenes und liberales Neuheidentum praktiziert wird, sind bei deren Ritualen (Blots genannt) auch Nichtmitglieder und Angehörige anderer Religionen zugelassen. Einzig ein respektvoller Umgang untereinander wird vorausgesetzt und die gelebte Toleranz allen anderen Menschen gegenüber.

Das soll dann aber auch als Erklärung dafür was ein neuheidnischer Steinkreis im Sinne dieses Projektes ist und wer diesen wofür benutzen kann ausreichend sein. Im Folgenden soll nun genauer auf die Entstehung des hier beschriebenen neuheidnischen Steinkreises eingegangen werden.

Die Idee zur Anlage eines neuheidnischen Steinkreises entsteht

Ich feiere seit Dezember 2013 die Jahreskreisfeste mit einer regionalen Blotgruppe des Eldaring e.V. in Berlin, genauer im Nordosten Berlins, weil das der für mich am nächsten erreichbare regionale Herd des Eldaring e.V. von meinem Wohnort im Land Brandenburg in unmittelbarer Nähe zu Berlin ist. Außerdem waren mir die Mitglieder dieser Gruppe, seit meinem ersten Stammtischbesuch dort, auch sympathisch.

Diese Gruppe hatte bei einer Revierförsterei einen offiziellen, zugelassenen Grillplatz mit Feuerstelle am Wald neben der Försterei für die 8 Jahreskreisfeste gemietet. Dort konnte dann jeweils am angemieteten Tag legal und ungestört das jeweilige Fest gefeiert werden. Neugierige oder sonstige interessierte Waldspaziergänger haben wir oft darüber aufgeklärt wer wir sind und was wir dort machen und diese mitunter sogar eingeladen einen Schluck Met mitzutrinken oder sich unser

Ritual anzusehen, solange sie sich respektvoll verhielten und nicht störten. Aufdringliche Störenfriede konnten wir von unserem angemieteten Platz dafür einfach verweisen und hatten somit unsere Ruhe. Diese Stelle stand anderen Nutzern zur Anmietung natürlich ebenfalls frei und wurde sehr gerne auch von Grundschulen und Kindergärten gemietet aber mit einer ordentlichen Planung und etwas Flexibilität konnte immer zeitnah ein passender Termin zur Anmietung gefunden und reserviert werden.

Das lief bis Anfang 2022 auch sehr gut, bis wir feststellten, dass die angemietete Stelle bei unserem Eintreffen zunehmend mehr verschmutzt, manchmal auch beschädigt war. Natürlich haben wir die Stelle sowieso immer vor unserem Fest gereinigt und die Stelle im Anschluss sauber hinterlassen allerdings ist uns zum Schluss aufgefallen, dass die offenbar nächtliche Vermüllung der Stelle doch deutlich zugenommen hatte. Unser Eindruck wurde dadurch bestätigt, dass wir dann im Mai 2022 einen Brief vom Revierförster erhielten in dem dieser sein Bedauern darüber zum Ausdruck brachte, dass er die Grillstelle im Wald nunmehr schließen und zurückbauen werde und diese uns sowie allen anderen ordentlichen Mietern dadurch leider nicht mehr zur Verfügung gestellt werden kann. Hintergrund des ganzen waren illegale nächtliche Nutzungen durch alkoholisierte, partyorientierte Gruppen, die nicht nur ihren gesamten Partymüll sondern auch diverse Zerstörungen an der Anlage hinterließen, natürlich auch ohne die Miete für die Örtlichkeit zu entrichten. Wie so oft führte also asoziales Fehlverhalten einer kleinen Gruppe zu Nachteilen für andere völlig unbeteiligte Gruppen. Jedenfalls hatten wir, genau wie die Grundschulen und Kindergärten, auf einen Schlag unseren Platz für unsere Feiern verloren.

Wir mussten uns etwas Anderes überlegen. Irgendwo auf öffentlichem Gelände, vielleicht noch im Stadtgebiet von Berlin, wie auf einem Präsentierteller feiern konnten wir uns nicht vorstellen. Uns irgendwo einfach im Wald treffen wollten wir auch nicht, zumal wir dort ja auch kein Feuer hätten machen dürfen und dies auch nicht heimlich gemacht hätten, weil wir nicht verantworten wollten, eventuell einen Waldbrand auszulösen. Allerdings sind in unserer regionalen Eldaring-Gruppe überwiegend Familien aus dem Brandenburger Umland von Berlin organisiert und diese verfügen mehrheitlich über eigene Gartengrundstücke. Also haben wir uns seitdem abwechselnd in den Gärten unserer Mitglieder getroffen und dort unsere Feiern abgehalten. Das war auch ein funktionierendes System und wird es sicher auch bleiben, gleichzeitig fehlte aber auch ein wenig das heidnische Umfeld. Wir hatten eben unsere angemietete Feuerstelle am Wald über die Jahre praktisch als "unsere" heidnische Ritualstelle empfunden, unabhängig davon, dass sie von anderen Gruppen auch ganz anders genutzt wurde. Mir persönlich fehlte etwas der äußere heidnische Bezug und so reifte etwas in mir, zunächst noch völlig schemenhaft, dann immer deutlicher. Schließlich kam mir der Gedanke, dass doch eigentlich nur ein passendes Stück Land gefunden werden muss und dort mit möglichst einfachen Mitteln eine neuheidnische Ritualstelle errichtet werden könnte.

Ein eigenes, geeignetes, umfriedetes Grundstück war ja nahe Berlin, im Land Brandenburg, im Landkreis Märkisch-Oderland auf der Hochfläche des Barnim, ganz genau des Niederen Barnims, vorhanden. Die Entscheidung war nach kurzer Rücksprache mit meiner Frau und unserer Tochter einvernehmlich gefallen.
Wir würden auf unserem ausreichend großen Wohngrundstück einfach eine Ritualstelle einrichten und dort auch mit unserer Eldaring-Gruppe feiern können, wenn wir mal wieder an der Reihe wären ein Fest in unserem Garten abzuhalten. Es blieb eigentlich nur noch zu klären in welchem Teil des Gartens diese Stelle liegen sollte und wie und mit welchen geeigneten Materialien diese zu gestalten wäre.

Natürlich hatten wir schon lange, wie fast alle Neuheiden die ich kenne und die einen eigenen Garten haben, eine kleine Opferstelle im Garten. Bei uns ist dies ein etwa 60 cm x 50 cm x 60 cm Granitfindling, den ich beim Ausheben eines Grabens für den neuen Abwasseranschluss ausgebuddelt hatte und den vier erwachsene Männer mittels einer stabilen Decke transportieren konnten. Diesen Findling platzierten wir neben unserer überdachten Sitzecke im Freien und später stellte ich dort noch eine aus einem Thujabaumstamm selbstgeschnitzte Holzfigur auf. Für unsere kleinen, privaten Zwecke reichte das völlig aus.

In unserem Garten liegen auch noch andere Granitfindlinge, diese haben aber ihren festen Platz in den Beeten meiner lieben Frau Daniela und um meinen Ehefrieden nicht zu gefährden sowie meine körperliche Unversehrtheit zu erhalten, lasse ich die dort auch unangetastet liegen und käme nicht im Traum auf die Idee, diese Findlinge zur Gestaltung einer Ritualstelle vorzuschlagen. Meine ansonsten eher liberal und friedfertig eingestellte Frau versteht bei der Gestaltung ihrer Blumen- und Gemüsebeete weniger Spaß als gewohnt und duldet dabei auch keine Experimente oder unautorisierte Veränderungen.

Aber die Idee eine Ritualstelle mit Findlingen aus Granit, die für unsere Landschaft im östlichen

Brandenburg typische nacheiszeitliche Landschaftsbestandteile sind und auch in vorgeschichtlicher Zeit schon für alte heidnische Ritualstellen oder Begräbnisanlagen genutzt wurden, war geboren.

Findlinge können übrigens problemlos für den Landschaftsbau oder die Gartengestaltung im Baustoffhandel oder bei Recyclingfirmen erworben werden. Tatsächlich stammen diese Findlinge aus dem Kies- und Braunkohletagebau oder aus recyceltem Baustoff, weil diese hier in der Region früher oft am Stück unbearbeitet oder nur leicht zurechtgeschlagen verbaut wurden. Aber zum einen sind diese meist, bedingt durch die Förderungsbedingungen, an einigen Stellen angeschlagen und wenn eine größere Menge bestellt wird sind die Steine nicht immer allesamt allererste Wahl. Es gibt zwar die Möglichkeit der Einzelsteinauswahl, diese verteuert aber den Einkauf meiner Erfahrung nach um mehr als das Doppelte. Also war ich hin und hergerissen, ob ich es wagen sollte einfach ein paar Findlinge von etwa 50 cm bis 60 cm zu bestellen oder ob ich warten und mir eine andere Lösung überlegen sollte.

Vielleicht buddelte demnächst mal ein Nachbar oder ich selbst bei Gelegenheit auf unseren Grundstücken auch wieder mal ein paar passende Findlinge aus. Jedenfalls erzählte ich von diesem Plan auch gerade als Niklas, der Lebensgefährte unserer Tochter Meike, zu Besuch war bei unserem gemeinsamen Abendbrotessen.

Zu diesem Zeitpunkt konnte weder ich noch meine Familie ahnen welch glückliche Umstände damit ihren Lauf nahmen, denn wenn Niklas nicht gerade seinem Studium in Potsdam nachgeht, arbeitet er auf den zahlreichen Feldern des recht großen landwirtschaftlichen Betriebes seiner Familie.

Eine Gelegenheit und Glück ermöglichen das Projekt

Im Frühling 2022 erhielt ich eine Nachricht von Niklas. Diese Mitteilung fing mit einer vielversprechenden Frage an: "Sag mal, suchst du eigentlich immer noch Steine für einen Steinkreis?" Mein Interesse war geweckt.
Es stellte sich heraus, dass Niklas bei der Arbeit auf den Feldern des Familienbetriebes an einigen Stellen die das Beackern störenden Findlingssteine aus Granit beiseite räumen musste. Glücklicherweise hatte er noch unsere damalige Unterhaltung am Abendbrottisch im Gedächtnis darüber, dass ich gerne einen neuheidnischen Steinkreis aus Findlingsgestein gestalten würde.
Ich überlegte gar nicht lange sondern nahm das Angebot spontan mit großer Freude an.
Insgesamt handelte es sich um sieben Steine, die grob geschätzt einen Durchmesser von etwa 70 cm haben sollten. Später stellte sich heraus, dass dies nur den im Acker sichtbaren Teilen der Findlinge entsprach. Einen achten Stein, der nur mit allergrößter Mühe, mit schwerstem Gerät

aus dem Acker gezogen werden konnte, blieb für uns unerreichbar, weil dessen Größe ihn für uns mit wirtschaftlich noch vertretbarem Aufwand und Kosten einfach nicht transportierbar machte. Aber wenn meine Frau mal irgendwann unaufmerksam werden sollte, werde ich sicher auch noch einen Weg finden, diesen Stein zu uns transportieren zu lassen. Wahrscheinlich liegt der aber dort am Feldrand ganz gut und solange der das dort tut und nicht ein ganzes Beet im Kräutergarten meiner Frau buchstäblich platt macht, laufe ich auch nicht Gefahr von meiner Frau in eine psychiatrische Klinik für schwer erziehbare Ehemänner eingewiesen zu werden.

Wir machten uns also Gedanken wie wir die transportablen sieben Steine zu uns bekommen würden. Glücklicher Weise arbeitete der landwirtschaftliche Familienbetrieb oft mit einem regionalen Fuhrbetrieb zusammen. Dieser Betrieb verfügte über die nötige Logistik zum Verladen und Transport der sieben Steine und bot dies zu einem fairen Preis an.

Der Umstand, dass Niklas bei der Feldarbeit gerade zu diesem Zeitpunkt sieben Findlinge beiseite räumen musste und dass er sich erinnerte, dass die geradezu ideal für unseren neuheidnischen Steinkreis geeignet sein könnten, ist einfach nur mit Glück zu bezeichnen. Es bot sich so eine unerwartete, günstige Gelegenheit, die Ausführung des geplanten Projektes erheblich zu beschleunigen. Außerdem sind wir auf diese Art auch an Findlinge gekommen, die völlig intakt ohne irgendwelche Vorschäden durch vorherige Nutzung, unsachgemäße Bergung oder Lagerung und einem Massentransport waren. Gerade wenn diese großen Steine bewegt werden schlagen die oft aufeinander und beschädigen sich gegenseitig, dies konnte hier aber im Vorfeld schon ausgeschlossen werden. Ebenso war auch nicht zu befürchten, dass unter einigen schönen Steinen auch ein paar weniger ansehnliche Exemplare gemischt sein könnten, was bei Bestellungen im Handel durchaus auch vorkommen kann ohne, dass dies vom Händler beabsichtigt wird, denn wenn keine Bestellung in Einzelauswahl erfolgt, wird aufgeladen was gerade vorrätig ist an vorhandenem, den vereinbarten Bestellkriterien entsprechendem, Gesteinsmaterial.

Das erste Bild von Niklas von den Steinen

Das zweite Bild von Niklas der Steine aus seinem Acker

Lösungen und Ausführung

Ein passendes Grundstück war bei uns bereits vorhanden. Eine langwierige Grundstückssuche nach einem Grundstück auf dem ein solches Projekt verwirklichen werden könnte entfiel damit in unserem Fall.
Ich möchte aber nicht versäumen dringend zu raten, unbedingt und in jedem Fall juristischen Rat einzuholen bevor ein Grundstück hierzu erworben wird. Möglicherweise steht einem solchem Projekt, zum Beispiel außerhalb des innerörtlichen Bereichs also im örtlichen Außenbereich, rechtlich etwas entgegen. Angefangen bei eventuellen Verboten oder Auflagen zu einer Umfriedung bis zu Nutzungsvorschriften. Ein Fachanwalt und die zuständigen Behörden sind da sicher die richtigen Ansprechpartner.

Sieben geeignete Findlinge standen uns ebenfalls bereits zur Verfügung.
Entsprechende Findlinge oder auch andere Gesteinsarten zur Gartengestaltung sind im Handel aber auch leicht zu erwerben.

Da der Transport der Steine zu einem fairen
Preis, durch ein regionales Fuhrunternehmen
wie zuvor bereits beschrieben, angeboten
wurde, ersparten wir uns die Suche nach einer
Firma mit der entsprechenden Logistik zum
Verladen und Transport der schweren Steine.
Grundsätzlich wäre aber auch dies für jeden
leicht zu beauftragen. Es gibt eine Vielzahl von
Firmen die Transporte dieser Art anbieten und
da Findlinge in der Größe, wie sie für unseren
Steinkreis benötigt wurden, ein jeweiliges
Gewicht von einigen Hundert Kilos deutlich
überschreiten, sah und sehe ich auch keine
Möglichkeit hier auf eine Fachfirma verzichten
zu können. In unserem Fall hielt sich die
Rechnung für den Transport der Steine in
überschaubaren Grenzen. Als die Findlinge im
Juni 2022 angeliefert wurden, erwarteten wir
deren Eintreffen gespannt. Immerhin hatte
außer Niklas noch keiner von uns die Steine
vorher persönlich gesehen. Zwar haben wir
Fotos aller Steine von allen Seiten (außer
derjenigen Seite auf der sie gelegen haben) und
allen erdenklichen Perspektiven betrachten
können, aber unsere Steine direkt das erste Mal

selbst zu betrachten konnten wir kaum erwarten.

Pünktlich und wie vereinbart erschien der Fahrer des Fuhrbetriebes und parkte mit seinem riesigen Fahrzeug direkt vor unserem geöffneten Grundstückstor. Obwohl während der Sanierungsarbeiten an unserem Haus sogar Betontransporter durch dieses Tor gepasst hatten, schien es diesmal etwas gewagt mit diesem riesigen Fahrzeug ein Auffahren aufs Grundstück, durch die Torpfeiler hindurch, zu riskieren. Das war aber auch gar nicht nötig, denn das Fahrzeug verfügte über einen mächtigen Greifarm zum Abladen der Steine, dessen Reichweite mehrere Meter weit auf das Grundstück hinein betrug.
Der Fahrer bediente den Greifarm souverän und hob den ersten Stein über unsere Grundstücksmauer in unseren Garten. Vorsichtig legte er diesen mit der Greifschaufel ab und öffnete diese. Ich sah einen riesigen Stein. Zufällig war dies auch gleich der größte der Findlinge. Allerdings standen die anderen sechs

Findlinge diesem ersten Stein größenmäßig kaum nach und waren annähernd genauso groß.

Ich befürchtete sofort, dass meine Frau beim Anblick der schieren Größe dieser Steine, völlig zurecht, meine geistige Zurechnungsfähigkeit anzweifeln würde und sich eine geeignete, angemessene Bestrafung für meine dreiste unwissentliche Untertreibung die Größe der Steine betreffend, ausdenken würde. Es war auf den ersten Blick klar, dass keiner dieser Steine, auch mithilfe der vom Nachbarn geborgten 350 Kilo Sackkarre und aller regional ansässigen Angehörigen unserer Blotgruppe unseres Heidenvereins, irgendwie gefahrlos auf dem Grundstück bewegt werden könnte.
Trotzdem freute ich mich, denn diese Steine waren mehr als ich erwartet hatte, ein in Erfüllung gegangener Traum. Ich musste nur aufpassen, dass es, wenn Daniela die sehen würde, nicht zu einem Alptraum werden würde. Jedenfalls erhielt ich erst einmal die Rechnung für den Transport und gab dem Fahrer ein angemessenes Trinkgeld für den makellosen Transport und das gekonnte, schadenfreie

Abladen der Steine. Gerade als dieser sich
verabschiedet hatte und losgefahren war und
ich das Tor wieder geschlossen hatte, schossen
unsere Hunde an mir vorbei und sprangen auf
die Steine. Die Hunde fanden die Findlinge
schon mal toll und haben diese gleich zu einem
geeigneten Kletterspielplatz zum Rumtoben
erhoben. In diesem Moment erschien meine
Frau Daniela, sah ihre überaus glücklichen
Hunde und lächelte gefährlich. Den Grund
erfuhr ich schnell. Natürlich war ihr die Größe
der Steine nicht entgangen und auch nicht der
Umstand, dass diese uns vor ein neues Problem
stellen würden, nämlich die Platzierung der
Findlinge am für den Steinkreis vorgesehenen
Platz im Garten hinter dem Haus. Das waren
vom vorderen Teil des Gartens aus noch etwa 40
Meter. Allerdings eröffnete sie mir, dass diese
Steine ihren Hunden so gut gefallen würden,
dass auch sie sich über deren Größe freuen
würde, schon alleine, weil sie dann beim
Hundetraining den Steinkreis als Parcours ins
Trainingsprogramm ihrer Schnauzer-Hundezucht
mit aufnehmen würde. Mit diesem Kompromiss
konnte ich leben. Schließlich würde ja der

Steinkreis für die heidnischen Feste nicht durchgehend gebraucht werden und eine Nutzung für die Hunde als Schnauzerspielplatz zwischendurch war seitens meiner Frau ohnehin längst beschlossen. Blieb aber dennoch das Problem der Platzierung der Steine, aber an schwierigen Aufgaben wächst man.

Ich rief meinen Freund Alex an, der nebenberuflich auch im Landschaftsbau tätig ist und bat ihn um Rat. Alex teilte mir mit, das ginge vermutlich nur mit einem Radlader und bot auch an das mit seinem eigenen Radlader als Freundschaftsdienst zu machen, wenn ich bis zum Herbst warten könne, da er noch einige Aufträge abzuarbeiten hätte. Ich war Alex sehr dankbar, denn nun hatten wir eine Sorge weniger, wenn alle Stricke reißen würden hätten wir also auf alle Fälle spätestens Ende Herbst 2022 eine Möglichkeit den Steinkreis fertig zu stellen, wenn nicht vorher schon eine zeitnähere Lösung gefunden werden würde und dachte mir manchmal hat man einfach Glück oder auch einfach nur gute Freunde.

Tatsächlich bot sich uns völlig unerwartet dann eine Möglichkeit den Steinkreis doch noch im Spätsommer 2022 fertig zu stellen. Im Ort fanden nämlich zeitgleich größere, langfristige Straßenbauarbeiten statt. Dani nutzte die Gelegenheit und sprach die Bauarbeiter einfach persönlich an und schilderte unser Anliegen und tatsächlich machte uns daraufhin eine der hiesigen örtlichen Baufirmen, die Firma

K&R Rüdersdorf
Karl-Liebknecht-Str. 4 B
15562 Rüdersdorf bei Berlin
Tel.: 0152/25421970
E-Mail: k.prietz@kreativ-team.net

die diese Baustelle beliefert hatte, ein faires Angebot nachdem deren Chefin Frau Kristin Prietz sich persönlich das Grundstück, die Steine und den geplanten Ablageort angeschaut hatte. Da diese Baufirma ja sowieso im Ort ansässig und in unmittelbarer Nähe tätig war und daher logistisch kaum ein Mehraufwand bestand, konnte ich Alex Bescheid geben, dass sein beruhigendes Angebot notfalls einzuspringen nicht mehr nötig war und ihn dabei gleich zur

Einweihung des Steinkreises zum Grillen einladen. Da wir selbstverständlich Alex auch seine Unkosten bezahlen gewollt hätten, machte der uns nunmehr von der Firma angebotene Bruttopreis auch gar nicht so viel mehr aus, als dass es sich zeitlich gelohnt hätte bis zum Herbstende zu warten und so erhielten wir also bereits zum 01.09.2022 einen Termin von der oben genannten Baufirma K&R Rüdersdorf, um die Steine wie geplant mit ihrem Radlader an die vorgesehene und ausgemessene Stelle zu setzen.

Manchmal hat man also sogar zufällig Glück, wenn es zum Beispiel einfach an Daniela vorbeifährt in Form eines vor dem Grundstück zufällig arbeitenden Baufahrzeugs, einer dort zufällig arbeitenden bzw. liefernden, örtlichen Baufirma.

Unbedingt berücksichtigt werden musste bei der Anordnung der Steine auch, dass diese bei ihrem Gewicht ein gutes Stück in unvorbereitetem Erdreich einsinken werden. Selbst in zuvor verdichtetem Boden ist immer noch zu erwarten, dass die Steine sich ein gewisses Stück setzen werden. Dies sollte bei der Aufstellung von größeren Steinen vorab eingeplant werden, entspräche aber auch deren als natürlich empfundene Lagerung im Boden und wirkt deswegen meiner Meinung nach schöner.

Es blieb nur noch übrig genau festzulegen wie die Steine miteinander platziert werden müssen. Der größte Stein war etwas flacher geformt und hatte auch eine natürliche kleine Vertiefung auf der Oberseite, die sich bestens eignete diesen als Opferstein zu benutzen, auf dem auch Getränke in die kleine Vertiefung gegossen werden können. Ansonsten wiesen Daniela und Meike darauf hin, dass neben dem Opferstein der im Norden des Steinkreises seinen Platz finden sollte, die übrigen Steine so platziert werden sollten, dass in Blickrichtung zum Nordstein, was auch die vorgegebene Hauptblickrichtung resultierend aus Lage des Steinkreises im Garten und Gesamtanlage des Grundstücks und der Gebäude ist, die größeren Steine im nördlichen Halbkreis und die etwas kleineren Steine im südlichen Halbkreis des Steinkreises liegen sollten. Außerdem sollte der optische Zugang zum Kreis dann auch im südwestlichen Bereich des Kreises liegen, denn wenn die Steine nach den Himmelsrichtungen orientiert gesetzt werden, würde ja ein achter Stein fehlen, dessen leerer, hypothetischer Platz dann den optischen Zutritt zum Kreis markieren würde.

Dies erschien uns allen als die ästhetisch beste Lösung, jedenfalls nach unserem Geschmack.

Genau so haben wir den neuheidnischen Steinkreis dann auch angelegt.

Anlieferung, Ablage auf dem Grundstück und
erste Inaugenscheinnahme der Findlinge.

Der erste Findling war riesig, wir waren begeistert.

Auch die nächsten Steine waren wesentlich größer als erwartet.

Der Transportfahrer bewies beim vorsichtigen Abladen sein ganzes,
meisterliches Können. Es wurde kein Zweig im Garten beschädigt.

Die angelieferten Steine auf ihrer Zwischenablage auf dem Grundstück.

Meike kurz nach der Anlieferung der Steine durch die
Transportfirma bei einer kurzen Pause.
Auf diesem Bild ist ganz gut das Größenverhältnis erkennbar.

Wanja von den Panketeufeln und ihr Sohn Ares von den Kalkseehexen inspizieren „ihren" neuen Kletterfelsen.

Wir konnten also mit der Ausmessung der Ablagepositionen der Findlinge beginnen. Dazu benötigt man, wenn man erst mal die Positionen der beiden Richtungen zum Sonnenaufgang zur Sommersonnenwende und Wintersonnenwende für den geplanten Standort herausbekommen hat, erstaunlich wenig Ausrüstung. Wir benötigten lediglich eine Fünfmeterdachlatte, ein IPhone mit Kompass App, ein einfacher Kompass hätte auch gereicht, acht angespitzte Holzpfähle, einen Hammer, einen Zollstock und einen Bleistift.

Mehr dazu wird noch nachfolgend beschrieben werden.

Die Einmessung der Ablagepositionen war einfacher als gedacht.

Auf diesem Bild sind noch einmal alle erforderlichen Werkzeuge zur Einmessung zu sehen.

So sah dann die komplett eingemessene Südseite mit den Positionspunkten der Steinablagen aus.

Der Bau des eigentlichen Steinkreises erfolgte wie bereits erwähnt durch

Firma
K&R Rüdersdorf
Karl-Liebknecht-Str. 4 B
15562 Rüdersdorf bei Berlin
Tel.: 0152/25421970
E-Mail: k.prietz@kreativ-team.net

Die Chefin Frau Kristin Prietz und ihr Mann Herr Prietz waren für uns ein wahrer Glücksgriff, denn die gute Zusammenarbeit sowie die Geduld gegenüber unseren speziellen Wünschen zur passgenauen Ablage der Steine auf die speziell ausgemessenen Ablagepunkte sind einfach erwähnenswert und nicht immer bei allen Baufirmen eine Selbstverständlichkeit. Nachdem die Firma pünktlich zum vereinbarten Termin am 01.09.2022 erschien, waren die Steine relativ schnell und äußerst präzise auf ihre endgültigen, ausgemessenen Positionen gesetzt. Ich kann in diesem Zusammenhang empfehlen vorhandene örtliche Firmen zu beauftragen, die gemachten Erfahrungen waren äußerst positiv.

Oben: Herr und Frau Prietz von Firma K&R Rüdersdorf bei der Arbeit.

Punktgenaue Ablage der Steine an den ausgemessenen Positionen.

Kurz nach der letzten Steinablage, der Steinkreis noch ohne Feuerschale.

47

Der fertige neuheidnische Steinkreis

Der Steinkreis wurde am 01.09.2022 auf den eingemessenen Positionen angelegt und somit fertig gestellt.

Die Steingröße des größten Findlings beträgt an der längsten Seite etwa 1,25-1,30 Meter. Auch die kleineren Steine haben einen jeweiligen Mindestdurchmesser von über einem Meter.

Der Steinkreis liegt im hinteren Teil des Gartens, an der nördlichen Grundstücksseite, hinter dem Wohnhaus. Unmittelbar vor der Umzäunung befindet sich dort noch eine Hecke.
Auf der südlichen, unserem Findlingssteinkreis gegenüberliegenden Grundstücksseite steht ein Nebengebäude und die westliche Grundstücksseite wird durch eine Granitmauer mit einer davorliegenden Hecke sowie der gemauerten überdachten Sitzecke begrenzt.
Das Wohnhaus selbst liegt östlich vom Steinkreis.
Damit ist der Steinkreis auf dem Grundstück so angelegt worden, dass ein relativer Sichtschutz aus allen Richtungen besteht.

Die Anordnung der Steine ist nach den Himmelsrichtungen ausgerichtet worden. Der größte Findling und zugleich Opferstein liegt nördlich. Der kleinste Stein liegt südlich im Steinkreis. Damit bilden diese beiden Steine eine genau ausgemessene, exakte Nord-Südachse. Diese Achse beträgt von Innenkante zu Innenkante dieser beiden Steine gemessen 4,50 Meter Länge. Diese Länge ergibt somit zugleich den Innendurchmesser des Steinkreises, also der freien Fläche innerhalb des Steinkreises in alle Richtungen.

In der Mitte dieser Achse liegt damit auch der Mittelpunkt des Steinkreises mit einem Radius von 2,25 Meter von der Mitte aus in alle Richtungen. Zwei weitere Findlinge wurden in einer exakten Ost-Westachse eingemessen und gesetzt. Radius vom Mittelpunkt und Innendurchmesser von den Innenkanten der Steine dieser Ost-Westachse entsprechen genau den Werten der Nord-Südachse.

Diese Einmessungen sind relativ leicht mit einem Kompass oder einem modernen

Mobiltelefon mit entsprechender App ausführbar.

Ein fünfter Stein wurde genau zwischen dem nördlichen und dem westlichen Findling, auf dem allen gemeinsamen Radius, in nordwestlicher Ausrichtung gesetzt.

Die beiden verbliebenen Steine wurden auf die Richtungen des Sonnenaufgangs zum Tag der Sommer-und der Wintersonnenwende ausgerichtet. Hier wurde es jetzt ein klein wenig komplizierter bei der Einmessung, da die Steine nicht am Tag der jeweiligen Sonnenwende, also am 21.06. oder 21.12. des Jahres, gesetzt wurden und außerdem die Sichtachse zu den jeweiligen Sonnenaufgängen auch durch Bäume, Hecken und andere Bebauung ohnehin verstellt wäre.

Es gibt hierzu allerdings eine Vielzahl von guten Websites im Internet, die für den jeweils gewünschten Standort genau den Punkt angeben an dem die Sonne zu jedem beliebigen abzufragenden Tag im Jahr aufgeht. Eine solche Website ist aktuell zum Beispiel "timeanddate"

.

Dieser konnte ich entnehmen, dass der Sonnenaufgang in unserer Region am Tag der Sommersonnenwende am 21.06. des Jahres auf 48° und zur Wintersonnenwende am 21.12. des Jahres auf 129° liegt. Diesen Wert konnten wir nun wieder relativ leicht unter Zuhilfenahme eines etwas größeren Winkelmessers vom Mittelpunkt der Nord-Südachse ausmessen und somit jeweils einen der restlichen beiden Steine zwischen dem Nordstein und dem Oststein sowie dem Oststein und dem Südstein auf der Position der jeweiligen Sonnenaufgänge positionieren.

Der Bereich zwischen Südstein und Weststein blieb unbesetzt und stellt wie zuvor erwähnt einen optischen Zugang zum Steinkreis dar.

Mir ist natürlich bewusst, dass die Ausrichtung derart großer Steine mit den uns zur Verfügung stehenden Messmethoden und Werkzeuge und Maschinen nicht hundertprozentig genau sein werden. Im Übrigen sind die Steine ja auch so groß, dass eine exakte Einmessung nur erfolgen könnte, wenn auf dem Stein eine bestimmte Stelle gekennzeichnet werden würde, also beispielsweise eine Linie eingemeißelt werden würde oder farbig gekennzeichnet würde. Dies haben wir aber aus ästhetischen Gründen verworfen, zumal wir es für unsere Zwecke auch nicht genauer brauchen. Aus ästhetischen Gründen liegen auch wie bereits zuvor beschrieben die größeren Steine im nördlichen und die geringfügig kleineren Steine im südlichen Bereich des Kreises, was auch auf den vermeintlichen optischen Zugang im Südwesten zutrifft.

Dieser neuheidnische Findlingssteinkreis befindet sich auf folgender geografischen Position:

52°27′45′′ N 13°46′47′′ O

Und so sieht der fertige neuheidnische Steinkreis mit tragbarer Feuerschale nun aus:

Wenn der Steinkreis nicht für neuheidnische Feiern benutzt wird, darf Dani den auch als Kletterfelsen für ihre Zuchthunde benutzen. Oder er dient zu geselligen Zusammenkünften am Feuer. Kompromisse sind immer gut.

Aufwand und Kosten (vereinfachte, individuelle Berechnung)

Die folgende grobe und etwas vereinfachte Kostenberechnung soll nur in etwa darstellen was die Anlage unseres Steinkreises an tatsächlichen Kosten verursacht hat. Dies ist allerdings ein Wert, der darauf beruht, dass einige glückliche Umstände eingetreten sind, die unsere Kosten etwas niedriger gehalten haben. Außerdem könnten die Kosten im Land Brandenburg auch anders liegen als in anderen Bundesländern oder gar in angrenzenden Staaten.

Deshalb habe ich auch eine zweite vereinfachte Berechnung gemacht, die vermutete Kosten beinhaltet, die ohne die zuvor beschriebenen glücklichen Umstände mit einiger Wahrscheinlichkeit noch zu berücksichtigen gewesen wären.

Hier zunächst unsere tatsächlichen Kosten:

-7 Granitfindlinge über 1 Meter Durchmesser

Betrag 350,- Euro, nämlich eine Einladung zum Essen in einem guten Restaurant für die Finder und Familie.

-Transport durch Fuhrunternehmen

Betrag 500,- Euro

-Kauf Kieselsteinschotter als Untergrund für die 3 schwersten Steine

Betrag 16,- Euro

-Platzierung der Steine mit Dreitonnen-Radlader von bereits am Ort tätigen Firma

Betrag 585,- Euro

-Dies ergibt einen Gesamtbetrag von 1451,- Euro.

Diese Berechnung beinhaltet aber auch den Umstand, dass viele Arbeiten selbst oder mit unentgeltlicher Hilfe aus dem Freundeskreis ausgeführt wurden.

Hier die abgeschätzten Kosten ohne begünstigende Umstände, mit handelsüblichen Preisen:

-7 Granitfindlinge über 1 Meter Durchmesser in gleicher Qualität aus Einzelstückauswahl

Betrag 700,- Euro

-Transport durch Fuhrunternehmen als unbekannter Privatkunde

Betrag 600,- Euro

-Kauf Kieselsteinschotter als Untergrund für die 3 schwersten Steine

Betrag 16,- Euro

-Platzierung der Steine mit Dreitonnen-Radlader von extra zur Baustelle bestellter Firma

Betrag 750,- Euro

Dies ergäbe etwa einen geschätzten Gesamtbetrag von 2066,- Euro.

Auch dieser Betrag beinhaltet noch einige selbst auszuführende Arbeiten wie die Ausmessung der einzelnen Steinablageplätze und die

Einbringung von Kieselsteinschotter unter die 3 schwersten Steine. Würden diese Arbeiten nicht selbst ausgeführt, kämen noch Beträge für die dann zu beauftragenden Baufirmen zum Gesamtbetrag dazu. Ich glaube aber, dass diese Arbeiten eigentlich von den meisten Menschen selbst ausgeführt werden können.

*Die Kosten für gekauftes Material und Dienstleistungen beauftragter Firmen beinhalten bereits den Betrag der Mehrwertsteuer.

Die Einweihung unseres Steinkreises

Auf die eine oder andere Weise wird vermutlich jede Gruppe, Familie oder einzelne Person ihre gerade fertig gestellte Ritualstelle einweihen. Diese erste gemeinsame Benutzung wird mit einiger Sicherheit auch in der Erinnerung der daran beteiligten Menschen bleiben. In unserem Fall war es sogar gegeben, dass wir unseren Findlingskreis zweimal einweihen durften. Zunächst haben wir mit der Familie und den Angehörigen und unserer Freundin Birgit eine kleine, ganz einfach gehaltene Einweihung am 05.09.2022 abgehalten. Dabei wurden einige Gaben hinterlegt und es wurde um Schutz dieser Anlage bei Göttern, Wesen und Geistern dieses Ortes und den Ahnen gebeten. Anschließend wurde im Garten gegrillt.

Die zweite Einweihung erfolgte dann kurz darauf mit den Mitgliedern unserer Eldaring e.V.-Blotgruppe Berlin-Buch von unserem Eldaring e.V.-Herd Berlin-Nord/Ost und Brandenburger Umland und deren Angehörigen sowie einigen dazu eingeladenen weiteren Gästen und

Freunden. Diese Feier wurde dann natürlich anlassbezogen etwas größer und bestand im Wesentlichen aus einer Blotfeier wie wir sie sonst auch gewohnheitsmäßig abhalten und der oben bereits beschriebenen Bitte um Schutz für die Anlage. Natürlich wurde auch zum Anlass dieser zweiten Einweihung der Grill entzündet und in geselliger Runde gespeist und getrunken. Eigentlich fanden aber die ersten rituellen Handlungen diese Ritualstelle betreffend schon viel früher statt, nämlich bevor der erste Stein gesetzt wurde. Unter dem nördlichen Findling, der sogleich auch als Opferstein für die Gaben dienen soll wie auch unter dem südlichen Stein und auch unter dem Stein der auf den Sonnenaufgang zum Tag der jährlichen Sommersonnenwende am 21.06. des Jahres ausgerichtet wurde, wurden nämlich einige Münzen als Gaben hinterlegt. Auch dabei wurde anlässlich dieses Münzopfers bereits um Schutz für die im Entstehen befindliche Ritualstätte gebeten. Ich vermute, dass dies in ähnlicher Weise bei anderen Ritualstellen auch gemacht wurde.

Da es in unserem Verein und dessen Umfeld so etwas wie religiöse Vorsteher, Priester, religiöse Spezialisten oder sonst welche mit religiösen Ämtern betraute Personen oder wie immer sich diese auch sonst nennen mögen nicht gibt und auch ganz bewusst auf solche Personen bei uns verzichtet wird, war also auch bei diesen Einweihungen kein besonderer Spezialist dabei, um ein spezielles Zeremoniell abzuhalten. Bei uns beziehungsweise in unserer Gruppe ist es vielmehr üblich einen Blotablauf, in diesem Fall einschließlich der Einweihung, vorher zu besprechen und jeder kann und darf dann bestimmte Bereiche während dieses Blots übernehmen, wenn er oder sie das möchte. Natürlich steht es jedem auch frei einfach so mitzufeiern, ohne irgendwelche Aufgaben übernehmen zu müssen. Jedenfalls führte das dann dazu, dass auch jeder der Teilnehmenden ein paar Worte zu der Anlage, verbunden mit dem Wunsch um Schutz für diese, fand. Vermutlich wäre auch gar keine Einweihung für den Steinkreis nötig gewesen und wir hätten ihn einfach in Funktion nehmen können. Mir gefiel aber die Möglichkeit einen Anlass zu nutzen um eine schöne Feierlichkeit abzuhalten ganz einfach und mir war es einfach recht dem Ganzen einen etwas feierlicheren Rahmen zu geben als es eventuell nötig gewesen wäre. Das ist wohl aber auch den jeweiligen Umständen und dem Wunsch der an einem solchen Projekt beteiligten Menschen und deren Umfeld und Freunden geschuldet, ob und in welchem Rahmen eine erstmalige Benutzung einer neuen Ritualstätte besonders gefeiert wird oder eher nicht und ob eine Einweihung erwünscht wird und wenn ja, in welchem Rahmen diese dann stattfinden soll. Wir haben es dabei jedenfalls recht einfach aber trotzdem feierlich gehalten und gemeinsam mit einigen entsprechenden Anrufungen bei einem Ritual um Schutz gebeten und im Anschluss daran gegrillt und zünftig gefeiert.

Volker, Niklas, Dani und Meike oben und Birgit und Volker unten, bei der Einweihung September 2022.

Eine bereits bestehende neuheidnische Ritualstätte / Heidnischer Tempelbau e.V.

Der folgende Themenbeitrag wird in Teilen, relativ zeitgleich mit der Entstehung dieses Buches, auch in einer Ausgabe der Herdfeuer Zeitschrift des Eldaring e.V. abgedruckt werden.

Es gibt bereits tatsächlich eine mir bekannte, bestehende, ausgebaute oder im gleich geschilderten Fall eher landschaftsgärtnerisch angelegte Ritualstelle. Der Zweck dieser Ritualstelle ist der gleiche wie bei unserem Steinkreis, nur, dass diese Ritualstelle auf Betreiben eines eingetragenen heidnischen Vereins, dessen Ziel solche Plätze zu schaffen ist, errichtet wurde, während unser Steinkreis von Personen aus der Mitte eines ebenfalls eingetragenen neuheidnischen Vereins und dessen regionaler Vertretung einfach in Eigenverantwortlichkeit errichtet wurde. Übrigens sind die o.g. beiden Vereine ohnehin eng miteinander verwoben, dazu aber gleich noch mehr.

Ich finde es angemessen in diesem Buch auch darauf hinzuweisen, dass es viele andere interessante Möglichkeiten der Gestaltung eines Ritualplatzes gibt und hier wird nun eine weitere, bereits umgesetzte Idee dazu vorgestellt.

Die erfreuliche Nachricht dazu erreichte uns im Mai 2022, die ohne Übertreibung als ein weiterer Meilenstein des organisierten Neuheidentums in Deutschland bezeichnet werden darf.

Der Heidnische Tempelbau e. V. gab bekannt, dass die Arbeiten zur Pflanzung eines natürlichen Umlauftempels, ausschließlich aus später noch in Form zu schneidenden Heckensträuchern bestehend, bei einem Arbeitseinsatz am 22.05.2022, begleitend zur gleichzeitigen Jahreshauptversammlung des Vereins, nunmehr abgeschlossen sind.

Alle notwendigen Pflanzungen sind jetzt erfolgt, der äußere und der innere Kreis aus Pflanzen steht.

Heidnischer Tempelbau e. V.

Die Gründungsversammlung des Heidnischen Tempelbau e. V. erfolgte am 06.05.2017, der Eintrag ins Vereinsregister folgte am 06.07.2017 und noch im selben Jahr wurde der Verein als gemeinnützig anerkannt.

Ziel des Vereins ist die Errichtung, der Erwerb und der Betrieb von religiösen Stätten (neu)heidnischer, europäischer Religionsformen. Gemeint sind damit Ritualplätze, Tempel, Schreine und Begräbnisstätten auf gesichertem Gelände für tolerante und weltoffene Anhänger germanischer, keltischer, slawischer, römischer oder sonstiger naturreligiöser heidnischer Glaubensrichtungen.

Der Verein besteht aus Vollmitgliedern und Fördermitgliedern.

Vollmitglied können einzelne Personen, heidnische Vereine oder Körperschaften werden. Unter den heidnischen Vereinen, die institutionelle Vollmitglieder des Heidnischen Tempelbau e.V. sind, wären der Eldaring e.V., der VfGH sowie der Celtoi e.V. zu nennen.

Momentan nimmt der Verein aber aus organisatorischen Gründen nur Fördermitglieder auf, um die Arbeitsfähigkeit bei den Projekten zu vereinfachen.

Mitglieder können nur Personen und Vereine werden, die tolerant und weltoffen sind und auf dem Boden der freiheitlich demokratischen Grundordnung der Bundesrepublik Deutschland stehen.

Erreichbarkeit: https://heidnischer-tempelbau.org/

Das Projekt

Bereits seit Vereinsgründung wird an einem ersten Projekt mit dem Ziel gearbeitet eine neuheidnische Ritualstelle auf gesichertem Gelände für verschiedene neuheidnische Richtungen in Deutschland zu errichten. Nachdem die Finanzierung, völlig ohne staatliche öffentliche Gelder, gesichert war und ein geeignetes Gelände im Westerwald gefunden war, konnte die zuvor erfolgte Planung in Angriff genommen werden.

Dabei beruht die Anlage auf einer Idee des Gründungsmitglieds des Heidnischen Tempelbau e. V. Christian Brüning, der ebenfalls ein hochgeschätztes Mitglied des Eldaring e.V. bis zu seinem viel zu frühen Tod Ende 2017 war und uns eher unter seinem Spitznamen Krischan bekannt war und bleibt. Leider konnte Krischan die Fertigstellung nicht mehr selbst miterleben, umso tröstlicher ist aber der Umstand, dass seine Grundidee trotzdem erfolgreich umgesetzt werden konnte.

Diese Idee basiert darauf einen Umgangstempel aus lebendigen Heckenpflanzen zu schaffen, dessen innerer Kreis zu einer grünenden Kuppel gezogen wird. Der äußere Kreis wird dabei durch eine weitere Pflanzenhecke gebildet und dient einer optischen Einfriedung.

Im Kreis befindet sich dann ein kleiner Altar zur jeweiligen rituellen Nutzung.

Die gesamte Ritualfläche befindet sich auf für den Heidnischen Tempelbau e.V. gesichertem, nichtöffentlichen Gelände und steht den einzelnen Vereinsmitgliedern ebenso wie den institutionellen Mitgliedsvereinen des

Heidnischen Tempelbau e.V. und deren Gästen zur Nutzung zur Verfügung. Inwieweit auch anderen nicht im Verein involvierten Heiden eine Nutzung ermöglicht werden könnte, ist jeweils mit dem Heidnischen Tempelbau e.V. über dessen Vorstand abzuklären.

Wie geht es weiter?

Nachdem dieser Ritualplatz, mit der bald hoffentlich üppig wachsenden Hecke des grünen Umlauftempels, am 22.05.2022 den verschiedenen heidnischen Richtungen der im Verein organisierten Mitgliedern gewidmet wurde, erfolgte noch am selben Tag auch die Einweihung des Altars. Dieser wurde Thor/Donar geweiht, verbunden mit dem Wunsch um speziellen göttlichen Schutz für das gesamte Gelände.

Vorab wurden bereits, auch schon vor der Fertigstellung der letzten Pflanzungen, Zeremonien, Blots und Feiern auf dem Gelände abgehalten. Sogar eine Ehefeierlichkeit wurde dort bereits durchgeführt.

Aber damit soll es nicht genug sein, der Heidnische Tempelbau e. V. plant nicht nur die Nutzung und den Betrieb dieser einen heidnischen Stätte, sondern möchte weitere Stätten in unterschiedlichen Regionen Deutschlands schaffen und betreiben.

Der erste Schritt ist jedenfalls getan, es gibt den ersten, in Betrieb befindlichen, heidnischen (Natur-)Umgangstempel in Deutschland auf gesichertem Gelände. Nun muss dieser nur noch, im wahrsten Sinne des Wortes, weiter gut wachsen.

Es muss also ganz offensichtlich eben nicht unbedingt ein Steinkreis sein. Es gibt ganz hervorragende andere Möglichkeiten zur Gestaltung eines Ritualplatzes, dies ist eine davon.

Da Neuheidentum in meinem Verständnis auch Vielfalt bedeutet, gehe ich von schier endlosen Möglichkeiten der Einrichtung und Gestaltung von Ritualstellen aus.

Ist das nicht wunderbar?

So sieht der Umlauftempel des Heidnischen Tempelbau e.V. aus.
Bilder mit freundlicher Genehmigung von Rudolf Färber, Bottrop.

Heidnischer Tempelbau e.V. im Westerwald, Bilder mit freundlicher Genehmigung von Rudolf Färber, Bottrop.

72

Die Opferstelle des Heidnischen Tempelbau e.V. im Westerwald, hier der Altar im Umlauftempel aus Weiden. Natürlich müssen die kürzlich gepflanzten Weiden noch wachsen. Bild mit freundlicher Genehmigung von Rudolf Färber, Bottrop.

Eine neuheidnische Beerdigung

In diesem Buch wurde die Entstehung eines neuheidnischen Steinkreises als Ritualstelle beschrieben. Außerdem wurde auch eine weitere, seit kurzem bereits bestehende Ritualstelle in Form eines heidnischen Umlauftempels aus lebendigen Heckenpflanzen beschrieben.
Es gibt also inzwischen wieder neuheidnische Ritualplätze verschiedener Art, die sich auf gesichertem, umfriedeten, eigenem Gelände befinden, zwei davon wurden vorgestellt. Dort findet auch ein vielfältiges, weltoffenes, neuheidnisches Leben statt.

Aber was genau kann denn nun beispielsweise auf solch einer Ritualstätte an Feierlichkeiten auch noch über die normalen 8 Feste eines neuheidnischen Jahreskreises hinaus dort stattfinden?
Und wie könnte eine solche neuheidnische Feierlichkeit überhaupt ablaufen?
So seltsam es zunächst anmutet, viel über neuheidnische Rituale und Lebenseinstellungen

kann gerade bei einem eher traurigen Ereignis im Lebenskreis erfahren werden. Der Tod gehört nämlich auch zum Leben, vielmehr beendet er dieses. Bei diesem ebenso traurigen wie auch ganz natürlichen Ereignis entfaltet sich aber eben auch ein Sichtfenster auf neuheidnisches Leben und einer dazugehörenden, nicht nur neuheidnischen, Lebenseinstellung. Die Bestattungsfeier wird nämlich von den weiterlebenden Hinterbliebenen ausgerichtet. Deshalb habe ich mich entschlossen dieses Thema mit einem Einblick darin abzurunden wie heidnische Feierlichkeiten ablaufen können am Beispiel einer neuheidnischen Bestattung und deren Organisation.

Eine Totenfeier wäre also zum Beispiel eine denkbare Möglichkeit, eine Ritualstelle wie einen neuheidnischen Findlingssteinkreis zu nutzen, aber natürlich erst nach einer vorangehenden Beerdigung auf einem Friedhof oder meinetwegen auch vor der Beerdigung auf einem Friedhof. Die hier beschriebene Beerdigung erfolgte gerade in der Hochphase der Covid-19 Einschränkungen. Ich habe mich entschlossen die Bezüge zur Organisation dieser Bestattung, die sich mit den Schwierigkeiten aufgrund der vielen Covid-19 Verordnungen befassen, mit zu erwähnen, da gerade auch dieser Bereich ein gutes Licht auf eine gewisse zähe, neuheidnische Lebenseinstellung wirft, die etwas mit der Bereitschaft zu tun hat, sich auch in widrigen Situationen behaupten zu wollen und einfach durchzuhalten, dabei aber immer innerhalb der Konventionen der Gesellschaft zu bleiben.

Natürlich haben aber die meisten Feiern auf Ritualstätten glücklicher Weise einen wesentlich erfreulicheren Grund. Da wären die übers Jahr verteilten acht Jahreskreisfeste sowie Geburten, Eheschließungen und viele weitere Gründe zu nennen, das bereitet auch deutlich mehr Freude. Das weniger erfreuliche Ereignis kann ich als Teilnehmer wie folgt beschreiben, da ich die Ehre hatte daran teilgenommen zu haben, auch wenn ich auf den eigentlichen Anlass dafür gerne verzichtet hätte.

Seit einigen Jahrzehnten gibt es in Deutschland, genau wie in einigen anderen europäischen

Ländern, wie bereits beschrieben also wieder neuheidnisch orientierte Menschen, die für sich die alten mittel- und nordeuropäischen Glaubensinhalte entdeckt haben. Im Umfeld des Eldaring e.V. sind dies wohl überwiegend Menschen, die sich an alten bzw. vermutet alten Glaubenspraktiken der germanischen Kultur- und Sprachgruppen oder dem was davon noch erschlossen oder rekonstruiert wurde oder gar neu interpretiert wird, orientieren.

Nach einigen Jahrzehnten bleibt es früher oder später leider nicht aus, dass unter den inzwischen knapp 500 Vereinsmitgliedern des Eldaring e.V. oder aus dem befreundeten Umfeld zu diesem Verein Menschen versterben.

Genau dies ist in meinem Freundeskreis passiert. Anfang des Jahres 2021 erreichte mich durch meinen Freund Olaf Hoppe die traurige Nachricht, dass seine Frau Pia Hoppe völlig überraschend mit gerade einmal 59 Jahren verstorben ist. Ich hatte selbst oft und gerne mit Pia und Olaf heidnische Feste, sogenannte Blots, gefeiert und die beiden dabei auch oft und gerne in Mecklenburg-Vorpommern an ihrem Wohnort besucht.

Das war auch der Grund, weshalb mich Olaf als ihr hinterbliebener Witwer bat, doch einmal zu überlegen ob ich nicht einen Bericht über die heidnische Beerdigung schreiben möchte, denn da die neuheidnische Bewegung ja noch nicht so alt ist, gab es ja noch nicht besonders viele heidnische Beerdigungen. Ich habe dann mit Olaf besprochen wie so ein Bericht aussehen könnte um eine gewisse Pietät zu bewahren und dieses Thema mit dem nötigen Anstand und Respekt zu bearbeiten. Daher habe ich Olaf als Hinterbliebenen vorab die Fassung dieses Berichtes zur Prüfung und Freigabe übersandt um sicherzustellen, dass die Hinterbliebenen damit auch einverstanden sind.
Nachdem ich die traurige Nachricht von Pias Ableben bekommen hatte stand ich mit Olaf in ständigem Telefonkontakt. Hintergrund war, dass Olaf eine heidnische Beerdigungszeremonie für Pia ausrichten wollte, dies aber durch die gerade gültigen Lockdownmassnahmen wegen Covid-19 schon sehr schwierig zu gestalten war

und das Ganze auch noch durch den Umstand erschwert wurde, dass die Urnenbestattung auf einem Waldfriedhof stattfinden sollte, auf dessen Gelände auch besondere Regeln und Verbote der Friedhofsordnung gelten. Zunächst haben wir uns gemeinsam durch die vielen Regeln der Covid-19 Verordnungen zu Beerdigungsfeiern durchgearbeitet und festgestellt, dass zum Zeitpunkt der geplanten Beisetzung maximal 20 Personen auf dem Friedhofsgelände zur Beisetzung zugelassen waren und natürlich Abstandsregeln, Mund-Nasenschutzmaskenpflicht bestand usw... Damit nicht genug war dem Umstand des Waldcharakters des Friedhofs geschuldet, dass selbst die offene Flamme einer Kerze nicht statthaft war, eine Räucherung auf dem Friedhofsgelände ebenso verboten war und an eine Feuerschale oder dergleichen war ohnehin gar nicht erst zu denken. Aber Olaf hatte Ideen. Nachdem ich mit einer Einladung zur Beerdigung geehrt wurde und damit zu dem kleinen Kreis der 20 zugelassenen Teilnehmenden gehörte, musste ich mich erst einmal um eine Genehmigung zur Einreise nach Mecklenburg-

Vorpommern kümmern. Da wurden
Erinnerungen an die glücklicherweise längst
überwundene deutsche Teilung wach und ich
sah mich schon mit der obligatorischen Frage
eines übelgelaunten Grenzers beim Vorzeigen
des Passierscheines konfrontiert, ob ich denn
Zeitschriften, Waffen oder sonstige verbotene
Gegenstände in den Arbeiter- und Bauernstaat
einführen würde.
Vergangenheit, zum Glück!
Immerhin wurde mir die Teilnahme an der
Trauerfeier wenigstens relativ schnell auf
Nachfrage beim dafür zuständigen Amt
gestattet, allerdings nur die Teilnahme, nicht
etwa ein darüberhinausgehender Aufenthalt im
Bundesland Mecklenburg-Vorpommern. Ich
hatte also nur die Erlaubnis bei der Beerdigung
und der anschließenden Feier im Garten von
Olaf teilnehmen zu dürfen, im Anschluss hatte
ich die sofortige Heimfahrt an den Stadtrand
von Berlin ins „ferne" Brandenburg anzutreten.
Damit konnte ich aber gut leben, denn in diesen
Zeiten war mehr weder statthaft, noch zu
erwarten gewesen und immerhin war mir so
eine Teilnahme an der Beerdigung immerhin von

offizieller Seite durch die Behörden erlaubt worden. Indes schlug sich Olaf mit diversen Schwierigkeiten mit der Friedhofsverwaltung, den kontrollierenden Behörden, der Fertigung und Begrenzung der Teilnehmerliste, der Ausarbeitung eines Hygienekonzeptes zur Feierlichkeit sowie der Erfassung der ganzen Teilnehmerdaten für eine erforderliche Teilnehmerauflistung und dergleichen herum. Der Stress muss gar übermenschliche Ausmaße angenommen haben, aber er hat sich fleißig durchgekämpft und eine reibungslose gesetzes - und coronaverordnungskonforme heidnische Beerdigung und Beisetzungsfeier ermöglicht.

Zunächst hat er für eine Aufbahrung zum persönlichen Abschiednehmen in einem offenen Sarg für die zahlreichen Freunde, Kollegen und Verwandten von Pia gesorgt. Zeitversetzt war den in Mecklenburg wohnenden Trauernden damit ein ganz persönliches Abschiednehmen möglich. Für mich war dafür aus pandemierechtlichen Gründen zu dieser Zeit die Anreise nicht erlaubt, aber ich tröstete mich mit dem Gedanken, dafür wenigstens bei der Beisetzung anwesend sein zu dürfen.

Als nächstes schaltete Olaf an einem Abend eine Telefonkonferenz mit einigen Teilnehmern, bei der alle Teilnehmenden bei sich zuhause bei einem Onlinesumbel mit einem alkoholischen Getränk auf Pia tranken und Geschichten austauschten. Das war immerhin eine Möglichkeit trotz der Corona Einschränkungen gemeinsam bei einer heidnischen Zeremonie Pia zu gedenken und auf ihr Wohl zu trinken. Dann kam der Tag der Beerdigung. Olaf hatte einen Ablauf geplant, bei dem er selbst sowie unser gemeinsamer Freund Rainer und auch ich mitwirken sollten, denn aufgrund der Teilnehmerbegrenzung wegen der Covid-19 Verordnungen auf maximal 20 Teilnehmer war es sinnvoll, dass einige Teilnehmer auch verschiedene Aufgaben übernahmen, so konnte beispielsweise ein Trauerredner eingespart werden ebenso wie Personal zur Absenkung der Urne, womit es dann mehr Trauergästen möglich war teilnehmen zu dürfen, denn es durften ja zu keinem Zeitpunkt mehr als 20

Personen insgesamt anwesend sein. Da auf dem Friedwaldgelände dieses Friedhofs jede Form einer offenen Flamme verboten war, auch im zu dieser Zeit völlig verschneiten Winterwald, hatte ich die Aufgabe bekommen schon auf dem Parkplatz vor dem eigentlichen Friedhofsgelände für diejenigen Trauergäste eine Räucherung mit Räucherwerk zu machen, die dies gerne für sich in Anspruch nehmen
wollten.

Ganz in neuheidnischer, pragmatischer Tradition wurde dann den übrigen Teilnehmern angeboten als Ersatz für das glühende Räucherwerk vom Parkplatzgelände auf dem eigentlichen Gelände des Friedwaldes eine symbolische Reinigung durch ein Naturparfüm aus dem Ökokaufhaus welches auf Basis von Zitrusfrüchten hergestellt war, zu bekommen. So war eine Reinigung auch ganz ohne Flamme und Glut, durch angenehme Düfte auf dem Gelände selbst möglich. Ideen muss man eben haben. Auf einer kleinen Erhebung im Friedwald hatte Olaf eine Stelle für die Urnenbeisetzung ausgewählt und dort bereits ein Gemälde (natürlich von ihm selbst in seinem Atelier gemalt) von seiner Pia aufgestellt und die Stelle auch bereits geschmückt, wobei er natürlich auch Hilfe gehabt hatte. Die Trauergäste begaben sich nun zu dieser Stelle und stellten sich mit dem nötigen Abstand darum auf. Olaf, Rainer und ich riefen nun die Göttin Frigga an und baten sie um Schutz und auch um Geleit für Pia. Dann wurden einige Hörner mit Met bzw. Bier gefüllt und Thor angerufen mit der Bitte diese Getränke zu weihen. Es folgten einige Anrufungen und Gebete für die Verstorbene. Im Anschluss musste Olaf allerdings immer alleine aus dem Trinkgefäß trinken, denn pandemiebedingt durfte das jeweilige Trinkhorn natürlich nicht, wie sonst üblich bei heidnischen Feiern, unter den Anwesenden herumgereicht werden. Die nichtgetrunkenen Reste der Getränke wurden dann mit den im Umfeld des Eldaring inzwischen oft zu hörenden Worten: "Von den Göttern zur Erde zu uns, von uns zur Erde zu den Göttern", als Trankopfer für die Erde dargebracht und auf eben dieselbe gegossen.

Schließlich wurde die Urne abgesenkt und es wurde eine Musikdarbietung von einer zuvor aufgebauten Musikanlage abgespielt mit einer der Lieblingsmelodien von Pia. Zwischendurch hatte ich noch die Aufgabe ein kurzes Gedicht zum Andenken an die verstorbene Freundin zu verlesen. Nun kam der Teil der Zeremonie zum Tragen, bei dem jedem Teilnehmer freistand ein paar kurze Gedanken zur Feier vorzutragen, wobei den Anfang dann natürlich Olaf selbst machte, gefolgt von den Kindern und anderen Verwandten und schließlich den befreundeten Trauergästen.

Ein Gast der so ganz anders als die anderen zu den Göttern sprach, war der evangelischen Pastor des Wohnortes. Wie üblich auf den Dörfern kondolierte er kurz nachdem Pia gestorben war dem Hinterbliebenen. Aus dieser Geste des Respektes entwickelte sich ein langes Gespräch über Neuheidentum und Religion und letztlich die Teilnahme des Pastors an der neuheidnischen Beerdigung.

Als eine angenehme und von gegenseitigem Respekt getragene Geste empfanden dann während der Beerdigung auch alle heidnischen Gäste, mit denen ich im Nachhinein sprach, die Worte dieses evangelischen Pastors, der sich sehr rücksichtsvoll der überwiegend eher neuheidnischen Trauergemeinschaft angeschlossen hatte und nun auch ein paar bewegende Worte am Grab sprach. Das entsprach auch voll und ganz der zuvor von Pia immer gelebten Toleranz gegenüber andersgläubigen Menschen die ihr zeitlebens auch so oft von diesen zurückerwiesen wurde und nun auch bei ihrer Beerdigung von allen Beteiligten geübt wurde.

Ich gebe zu, dass selbst mir die ein oder andere Trauerträne bei der Beerdigung und den ergreifenden heidnischen Ritualen und Beiträgen über die Wangen lief. Mit Ende der Beisetzung begaben sich dann die Trauergäste zum Grundstück von Olaf, um dort im Garten noch gemeinsam eine kleine Trauerfeier zu begehen. Wir wären nicht überwiegend Heiden gewesen, wenn dabei nicht auch gelacht und fröhlich der Verstorbenen gedacht worden wäre. Es wurden heitere Momente, in denen alle noch die ein oder andere gemeinsam mit Pia erlebte Anekdote austauschten. Wer die mitunter sehr unterhaltsamen Figuren am Rande der Heidenszene kennt, mit denen wir manchmal gemeinsam zu tun hatten, die nicht immer ganz freiwillig, dafür hin und wieder recht aufdringlich und ungebeten, vor allem aber meist unautorisiert oder selbsternannt, zur Unterhaltung und unbeabsichtigten Belustigung der übrigen Heidenszene beitragen, kann sich in etwa vorstellen, dass im Verlauf der Feier noch viel und herzhaft gelacht wurde, als wir unsere Erlebnisse mit diesen Zeitgenossen austauschten. Ich bin mir sicher, dass dies auch im Sinne der Verstorbenen war, denn Humor hatte sie zweifellos. Einzig ich wurde nun doch wieder etwas betrübt, aber nur, weil ich ja noch eine Rückfahrt vor mir hatte und daher auf den Genuss alkoholischer, echt heidnischer Trauerbewältigungsgetränke verzichten musste. Aber auch in nüchternem Zustand habe ich die gesamte Feier als angenehm, würdig und so angemessen erlebt, wie es unter diesen Pandemiebedingungen überhaupt nur möglich erschien, ein heidnisches Begräbnis durchzuführen. Den Einschränkungen der Covid-19 Verordnungen geschuldet hatte Olaf dann noch eine pragmatische Idee, er beschloss eine größere heidnische Veranstaltung zum folgenden ersten Jahrestag von Pias Sterbedatum zu machen und dann ein heidnisches Gedenkblot zu feiern und das dann hoffentlich bereits ohne die lästigen, wenn auch zeitweise nötigen, Pandemievorschriften.

Spätestens hier würde sich eine heidnische Ritualstelle wie ein Steinkreis oder auch anderer Art geradezu angeboten haben.

Wenn der Anlass selbst auch überaus traurig war, so lässt er zumindest erkennen, dass es also im Jahr 2021 und auch schon seit einigen Jahren davor, so viele Jahrhunderte nach dem Ende offen gelebter heidnischer Traditionen, wieder möglich ist in Deutschland eine heidnische Bestattung mit Bezug zu den alten Göttern und Göttinnen unserer Vorfahren durchzuführen. Selbst unter den schwierigen Bedingungen einer Pandemie und deren zu diesem Zeitpunkt stark einschränkenden Vorgaben und unter Beachtung der ansonsten sowieso immer gültigen Beschränkungen aufgrund Friedhofsordnungen und allgemeinen gesetzlichen Bestimmungen. Das Neuheidentum hat inzwischen offensichtlich einen Status erreicht, in dem es aus einem langen Schattendasein tritt und auf dem Weg ist, seinen ganz normalen Platz in der Gesellschaft einnehmen zu können, indem es einfach gelebt wird und sich deren Angehörige bemühen durch pragmatisches Planen und konstruktives Zusammenarbeiten mit anderen Institutionen und manchmal auch etwas Hartnäckigkeit im Umgang mit diesen, etwas zu erreichen.

Ein Nachtrag sei mir noch erlaubt, der umsichtigen Planung und der Vernunft der teilnehmenden Trauergäste, sowie deren umsichtigem Verhalten und dem Hygieneplan war es wohl auch zu verdanken, dass tatsächlich keine Neuerkrankungen an Covid-19 durch die Teilnahme an dieser heidnischen Beisetzung stattgefunden haben und alle Teilnehmer die Feier genauso gesund verlassen haben wie sie diese aufgesucht hatten. Unsere Götter und Göttinnen waren wohl auch mit uns, vielleicht hat ja auch Pia ein gutes Wort zu unserem Schutz bei ihnen eingelegt. Jedenfalls scheinen sich umsichtiges Handeln, Vernunft, geschicktes

Planen und eine heidnische Bestattung nicht gegenseitig auszuschließen.

Ich möchte doch ganz stark hoffen, dass mir, meiner Familie und meinem gesamten Bekanntenkreis möglichst lange ein solcher Grund für eine neuheidnische Feier erspart bleibt. Aber wenn er dann doch eintreten würde, so fände ich es äußerst passend, zumindest einige Teile der zuvor beschriebenen Bestattungsfeier in unserem Steinkreis oder einer ähnlichen Anlage stattfinden zu lassen. Natürlich wären uns allen andere Gründe, wie Heiraten, Geburten oder einfach nur unsere heidnischen Jahreskreisfeste sehr viel lieber dafür.

Schlussbemerkung

Wir haben unseren neuheidnischen Steinkreis nun endlich. Die Findlinge liegen und wir können völlig ungestört unsere neuheidnischen Feiern mit Freunden und Familie oder auch gelegentlich mit den anderen Leuten aus unserer regionalen Gruppe aus dem Umfeld des Eldaring e.V.-Herd Berlin-Nord/Ost und Brandenburger Umland feiern.

Es gibt wie aufgezeigt wurde auch mindestens einen weiteren Ritualplatz vom Heidnischer Tempelbau e.V. und eventuell gibt es vielleicht sogar noch andere offizielle oder halb offizielle Ritualplätze, die zumindest den Mitgliedern und deren Angehörige aus den entsprechenden, organisierten, jeweiligen Heidenvereinen zur Verfügung stehen für deren Feiern.

Egal, ob es sich dabei nun um offizielle Plätze eines Vereins oder um Plätze von Leuten, die in einem Verein organisiert sind, diese Plätze aber eigenverantwortlich, mit eigenen Mitteln angelegt haben, handelt. In diesem Buch wird versucht darzulegen, dass es möglich ist, kleine Ritualplätze wie einen Steinkreis, mit einem vertretbaren Zeitaufwand und vertretbaren Kosten, auf gesicherten Geländen zu errichten. Es muss nur in Angriff genommen werden und wirklich gewollt sein. Niemand behindert jemanden dabei sich, seiner Gruppe, Familie oder seinem Verein eine solche Stelle einzurichten. Natürlich gibt es sehr viele Neuheiden, vielleicht sogar die Mehrheit der Neuheiden, die eine solche, umfriedete Ritualstelle gar nicht benötigen, sie gar nicht wollen, weil sie ihr Neuheidentum einfach überall oder in der freien Natur ausüben können und wollen. Das kann ich auch, das kann fast jeder, meine ich jedenfalls. Aber darum geht es hier auch gar nicht. In diesem Buch sollte nur beschrieben werden, dass es eben möglich ist, beispielsweise einen neuheidnischen Steinkreis zu errichten. Ob es nötig oder erstrebenswert ist, soll hier gar nicht erörtert werden und ist auch gar nicht erörterungswürdig, denn es ist eine Geschmackssache und eine Sache der persönlichen Befindlichkeiten und Ansprüche die jeder immer nur für sich selbst abwägen kann.

Allerdings habe ich wiederholt Äußerungen von einigen Heiden gehört und gelesen in denen immer wieder der Umstand beklagt wird, dass den Heiden keine eigenen Ritualplätze zur Verfügung ständen. Dem kann ich persönlich nicht folgen. Wir haben jahrelang eine Grillstelle am Wald, bei einer Revierförsterei in Berlin, für unsere Feiern, bei Bedarf, für wenig Geld (30,- Euro pro Feier) mieten können. Es gibt auch andere geeignete Orte für ungestörtes Feiern deren Nutzung man sich ohne viel Aufwand und Kosten sichern kann.

Wenn das aber gar nicht gewollt wird oder in Angriff genommen wird muss man sich eben mit den öffentlich zugänglichen Orten begnügen, was sehr viele Heiden ja auch ganz bewusst tun, selbst auf die Gefahr hin, eventuell auch mal während einer Feier gestört zu werden.

Ich kenne sogar Heiden, die ganz bewusst die Öffentlichkeit suchen für ihre Feiern, mit der absolut richtigen Begründung, man habe doch nichts zu verbergen und müsse sich schon gar nicht verstecken. Dieser Einstellung zolle ich meinen aufrichtigsten persönlichen Respekt. Ich selbst kann und habe auch fast überall unsere Feste gefeiert, sitze dabei aber ungerne auf dem Präsentierteller. Ich möchte im Freien, in der Natur feiern, dabei aber gerne ungestört bleiben. Ich möchte auch mitbeeinflussen können welche Menschen ich bei einem Ritual um mich haben möchte, nämlich meine gewohnte Gruppe, meine Vereinskameraden, deren Angehörige, Freunde und Familie. Gerne habe ich auch Gäste oder interessierte Menschen dabei, die sich informieren möchten, von denen ich aber auch gerne wissen möchte um wen es sich da eigentlich handelt.

Ich möchte nämlich auf gar keinen Fall religiöse Extremisten, weder heidnische noch sonstige, dabeihaben. Auch politische Extremisten, verhaltensgestörte, frauenfeindliche, rassistische oder homophobe Menschen habe ich ungerne in meinem Umfeld. Und auf selbsternannte, heidnische, religiöse Oberheiden oder überhaupt religiöse Führer kann ich persönlich auch sehr gut in meinem Umfeld verzichten. Das ist während einer Feier auf einem eigenen umfriedeten Ritualplatz natürlich viel einfacher zu kontrollieren und durchzusetzen als im öffentlichen Raum.

Ich räume ein, das alles sind persönliche Befindlichkeiten von mir. Ich weiß allerdings auch ganz sicher, dass diese von vielen meiner neuheidnischen Bekannten geteilt werden.

Um zum eigentlichen Kern des Themas zurück zu kommen, es ist möglich sich, seiner Gruppe oder für welchen Personenkreis auch immer, einen neuheidnischen Steinkreis oder auch eine beliebig andere Art von Ritualstelle zu schaffen. Ich möchte an dieser Stelle auch ausdrücklich dazu ermutigen, sich an solche Projekte heranzutrauen. Die Ausführungen dürften gezeigt haben, dass es möglich und kalkulierbar ist und nur der Wunsch dazu bestehen muss sich oder seiner Gruppe eine solche Stelle einzurichten. Die Kosten bleiben eigentlich recht übersichtlich, vorausgesetzt ein geeignetes Grundstück steht zur Verfügung. Selbst ein Grundstück sollte für eine Gruppe erschwinglich sein, denn es reicht ja eine recht kleine Fläche und eine teure innerstädtische Fläche muss es ja nun ohnehin nicht unbedingt sein.

Und zugegeben, ein bisschen Glück ist sicher auch hilfreich bei einem derartigen Projekt.

Enden möchte ich hier mit einem Zitat meiner lieben Kollegin Birgit:

"Wer nicht will findet einen Grund dafür.

Wer will findet eine Lösung."

Ich glaube darin steckt ein gehöriges Körnchen Wahrheit.

Zum Buchthema passende Literaturvorschläge und Internetseiten

Zunächst möchte ich zum Thema Großsteinsetzungen unbedingt die Internetseite

Großsteingräber und Megalithbauwerke

von Reinhard Möws

http://grosssteingraeber.de/

empfehlen.

Diese Seite enthält umfangreiche und gut aufbereitete Informationen und eine Vielzahl an Bildern zu Steinsetzungen.

Außerdem wird diese Seite auch regelmäßig aktualisiert und die Texte sind sehr gut verständlich.

Zudem ist sie sehr übersichtlich gestaltet.

Die Steinformation aus Findlingen in
Woltersdorf bei Berlin
-Eine fast vergessene Senke mit Steinreihen im
Wald-

ISBN-13: 9783751967464
Verlag: Books on Demand

Autoren: Ernst Zienow, Meike Meyer, Volker
Meyer
Fotos: u.a. Rudolf Färber, Daniela Meyer

In diesem Buch wird eine undatierte, kleinere
Steinsetzung im Wald in Woltersdorf bei Berlin
beschrieben. Diese Stelle ist öffentlich
zugänglich, wenn auch schwer zu finden. Die
Beschreibung bleibt ergebnisoffen und
ausdrücklich ohne Festlegung, zeigt gleichzeitig
aber auf, dass man buchstäblich über
Steinsetzungen im Wald stolpern kann, die
meines Wissens nach, sonst noch nirgendwo
beschrieben wurden.

Die Steinsetzung ist ausführlich mit farbigen
Fotos dokumentiert.

Volker Meyer, Ernst Zienow und Meike Meyer

Die Steinformation aus Findlingen
in Woltersdorf bei Berlin

Eine fast vergessene Senke mit Steinreihen im Wald

Was man als angehender Heide so alles erleben und überleben kann
-Eine humorvolle Suche im Neuheidentum-

ISBN-13: 9783751932271
Verlag: Books on Demand

Autor: Volker Meyer

In diesem Buch wird humorvoll auf Bereiche der Neuheidenszene Bezug genommen. Mit einem steten Augenzwinkern können Einblicke in einige Abläufe sowie Denken und Handeln innerhalb von einigen Gruppen aus diesem Bereich genommen werden. Das Buch erhebt ausdrücklich keinen Anspruch auf Vollständigkeit und soll neben informieren vor allem auch unterhalten.

Was man als angehender Heide so alles erleben und überleben kann

Eine humorvolle Suche im Neuheidentum

Asatru: Die Rückkehr der Götter

ISBN-10: 3939459631
Verlag: Edition Roter Drache

Von: Kurt Oertel (Herausgeber, Vorwort), Kveldulf Hagen Gundarsson (Redakteur), Diana L Paxson (Vorwort)

Ein Standardwerk zum Thema Neuheidentum, das als Sachbuch weite Teile zu diesem Thema sehr verständlich und ausführlich auf 496 Seiten behandelt.

In diesem Buch werden meiner Meinung nach alle wichtigen Themen abgedeckt und das Neuheidentum welches sich auf die Riten und Götter der ehemaligen germanischsprachigen, europäischen Kulturgruppen bezieht praktisch lückenlos beschrieben.

Ásatrú

Die Rückkehr der Götter

Zusammengestellt von Kveldúlf Hagan Gundarsson
Deutsche Ausgabe erweitert und herausgegeben von Kurt Oertel

Edition Roter Drache

Eldariten: Gelebtes germanisches Heidentum

ISBN-10: 3968150325
Verlag: Edition Roter Drache

von Petra Bolte (Herausgeber)

In diesem Buch wird von Petra Bolte und einer Vielzahl von weiteren Autoren ein sehr umfangreicher Einblick in die Vielfältigkeit von Ritualen geboten, die im zurzeit größten neuheidnischen deutschen Heidenverein des gelebten germanischen Heidentums (Asatru), dem Eldaring e.V. mit annähernd 500 Mitgliedern (Stand 2022) und in dessen befreundeten Umfeld, praktiziert werden.

Auch dieses Buch erhebt ausdrücklich keinen Anspruch auf Vollständigkeit, sondern möchte nur Beispiele vermitteln und vielleicht Anregungen bieten.

GELEBTES GERMANISCHES HEIDENTUM
DAS RITUALBUCH DES ELDARING E.V.

Edition Roter Drache

Bilder und abgebildete Personen mit freundlicher Genehmigung von Rudolf Färber/Bottrop, Birgit Klischat/Berlin, Daniela Meyer/Rüdersdorf, Meike Meyer/Rüdersdorf u. Potsdam, Niklas Engelmann/Potsdam.